UN CIELO CON MI NOMBRE

# UN CIELO CON MI NOMBRE
## سَمَاءٌ باسمِي

### AHMAD AL-SHAHAWY

TRADUCCIÓN DE ABEER ABDEL HAFEZ

Valparaíso
EDICIONES

Número 546 de la Colección VALPARAÍSO DE POESÍA
dirigida por FEDERICO DÍAZ-GRANADOS

Diseño de la colección: Chari Nogales
Maquetación: Ciclo Creativo
Imagen de portada: Fernando Valverde

Primera edición: abril de 2026

© De los poemas: Ahmad Al-Shahawy
© De la traducción al español: Abeer Abdel Hafez

© Valparaíso Ediciones
C/ Fray Leopoldo, 7 bajo, 18014 Granada
www.valparaisoediciones.es

ISBN: 979-13-88007-14-9
Depósito Legal: GR 328-2026

Impreso en España - *Printed in Spain*
Gráficas Gami

*El papel utilizado para la impresión de este libro está calificado como papel ecológico
y procede de bosques gestionados de manera sostenible*

# UN CIELO CON MI NOMBRE

Encontrarse con la poesía del poeta egipcio Ahmad Alshahawy en su poemario *Un cielo con mi nombre*, en versión castellana de Abeer Abdel Hafez, es dar un salto al vacío sin malla protectora. En su poesía hay una belleza deslumbrante producida por la lucidez, de quien sabe pensar sin ser arrastrado por las corrientes heladas de la inteligencia. Hay una fuerza emocional y, por qué no, espiritual, en estos poemas, profunda y original que se adhiere a los versos como una piedra imán, Es posible encontrar en estos poemas una franja de iluminaciones, ese lugar asombroso donde las palabras y las imágenes parecen concentrar la mayor parte de su sentido. Para Al-shahawy la poesía es alimento de emociones que dejan en el lector una vibración, mejor dicho, una descarga que nos abraza de forma familiar y simbólica.

GUILLERMO ARANGO
Ohio, 2018

# CUATRO SIGNOS

إشاراتٌ أربَع

Primero:
No quites de la conjunción una Y,
Para mí, es la base de la base
Segundo:
Yo sumo
Tú... no restes,
Tercero:
Mi cabeza ... colgada para siempre en tu letra
los dos puntos del ámbar son herejes,
no creen en la Vía Recta.

# NAWAL ISA[1]

نَوال عِيسَى

Para que no te olvides,
que el olvido
es un precepto de peregrinación,
cuya Meca es tu corazón.

---

[1] Nombre propio de la madre del poeta.

"A Ahmad... a quien se le reveló el ojo de los ojos" (Al Halaj)[2]

# EL QUE VIVE ENTRE DOS MINARETES
العَاشُ بينَ مِئذَنَتَين

Si me confieso,
digo:
Soy mil personas,
con un solo nombre
y muchas lenguas.
Me arruina la nostalgia de las montañas,
no me avergüenzo de una pasión anhelada
me hace llorar la campana del amor,
cuando se queda atrancada.
Elegías fúnebres me llevan al sueño.
Me emociona un perro errante de unas palabras.
Creo en el elefante si canta poesía,
en la música cuando se crea a sí misma
en la flor del Nilo cuando aísla su alma tras una muerte
en el poeta si se quita los zapatos antes de encender una vela

Soy la neblina cuando sonríe,
Los dedos cuando narran,
La tierra en mapas desconocidos,
La razón en la conciencia de la inconsciencia,
La puerta cuando llaman los visitantes,

El olor de los dedos en el tejido,
La imaginación si monta dos caballos con una sola montura,
El lápiz en su orfandad sin papel.

Soy
El llanto de las estatuas al recordar a sus escultores,
El caminante solo en el monte de su muerte,
El "traga fuego"
El bailarín en verbenas de los jeques de la muerte,
Quien renuncia a sus derechos para ganar el cielo,
una limosna de mis manos
Soy
El tiempo en su arena
La costa perdida en un círculo
El sueño dormido en mi vaso
La distancia entre un sol y otro
que duerme en los hilos de una camisa
El dueño de un diccionario y de un corazón de palabras
El que se multiplica cuando el pájaro pronuncia mi nombre.
La gota errante de agua del río,
Como dos mares beben mi sangre por descuido,
El ritmo cuando crea un lenguaje para los dedos,
El negro cuando duerme en el blanco de la luz,
La historia grabada en el mármol de los profetas,
El Aleph omitido de *perezcan las manos de Abu Lahab*[3]
Biografía del profeta Yususf[4] sin sus hermanos,
La huida del fin en un sueño.
El pájaro llevándome la revelación divina.
Quien vive debajo de dos nieblas sin conseguir el destete,
El cazador sin "permiso" y sin un "está permitido"
Soy hijo de dos Sharías,
Y de cinco escuelas para vivir en sus manos.

---

[3] Primera aleya de una de las suras del Corán.
[4] Título de la sura número 12 del Corán.

Soy dos letras "ele" en marzo,
la primera en la muerte
Y la otra en mi nuevo nacimiento,
la tierra cuando nace de sí misma
la escultura de una canción,
el pecado del agua está en el agua.

Yo, entre dos líneas,
Yo, el amor cuando se abre la puerta de las manos
Yo, Soad[5] que dijo a la muerte: llévame
para que todos los hilos se integren en el tejido
Yo, Zainab que esperó en su ataúd,
Hasta que los aviones derrotaron el aire,
ciudades... pueblos ... yo no estaba allí,
Ciudades que no veo en los espejos
Y no me ven en sus lechos,
El diez cuando sella su cero,
El siete cuando se santifica en su último día,
El escorpión cuando muerde doce días
Y llama a Ahmad al invierno
Y coloca a noviembre en los mapas.
Soy, el océano que mis pies han alcanzado,
el desnudo la palabra le quita su manto
Y se va hacia el sol para tomar su té.

El tiempo cuando limpia el polvo de mi paso,
el sueño quitando la capa de la vigilia,
las estrellas castigan a sus cielos y se caen.

---

[5] Soad y Zainab son las hermanas del poeta.

Soy el libro de la duda en la palabra
El templo que dibuja mil escenas de la pasión
El dios cansado cuando pasea por las calles,
Llevando sus secretos después que las arañas los revelaron.

Soy todas las letras que mi nombre no engendró,
los países cuyas manos los geógrafos no consiguieron unir,
el llevado hacia el más allá de la sombra.
Signo de interrogación que no encontró su línea
El llevado por un acento que une y no se lamenta
del frio del invierno.
Yo, después de la mañana y del hablar,
las sabidurías que volaron desde los muros de los templos,
como mariposas inmortales
Yo soy otro,
Yo no soy Yo

NAGPOR-INDIA,
19 y 20 de enero de 2011

# ASÍ ES MI TUMBA

هَكَذَا قَبْري

Quiero ser enterrado solo.
Nadie antes, nadie después de mí.
Que me arropen en sudario de lino
Como un viejo sabio egipcio
Y que mi cara mire al cielo
Quiero llevar conmigo mis perfumes
Y mi cepillo de dientes
Y los poemas que aún no recitaba
Y los libros que no leía
Para no salir desnudo por la ciudad
Que me den papeles y lápices
Para que la tumba no me estrangule los sueños
Que asomen dos moreras sobre mi nombre
Me gustaría elegir del libro de Alá de la azora "Lee"
Y la aleya: "No le hemos enseñado la poesía"
Para que las dos sean testigos
Y que escriban mi nombre en caligrafía persa
Y con caracteres árabes.
Tal como le gusta a Alá ver a un poeta como yo.
No existiría lo que prohíbe las frutas y las mujeres
Porque el paraíso puede que no esté debajo de mis pies.

San José, Costa Rica,
23 de febrero de 2012.

18

# LA TUMBA DEL DESCONOCIDO
قَبرُ الغَريب

Escribid encima de mi tumba:
Estaba aquí
Pasó de viaje
Y si uno de vosotros es más generoso que escriba:
Quería a las gatas abandonadas
A la ropa y a los perfumes
A la mujer FLOR
A las nubes que andan con piernas femeninas
A la luna en su mano derecha durmiendo
A las tumbas de los mayores, marchándose
Al Nilo mirando en su silencio
A la noche revelando lo recóndito

A los hoteles, cuando se levantan las piernas
A los aeropuertos cuando se separan dos amantes
Al Corán en su cielo
Al negro cuando habla
A los senos cuando arden con palabras
Al papel dejado esperando
Al dormir antes del funeral del sueño
A la ida hacia la cosa
Al embrujamiento de los pájaros
A las frutas antes de caerse
A la línea virtual entre dos puntos
A la puerta sin nombres
Al muro que esconde los secretos
A la tinta subyacente en el tintero
Al cactus que intima con la tierra

El pistilo de una palmera perdió a su varón
Al jeque que toca el laúd en la alquibla de la mezquita
Al sufí cuando dona su espíritu a la alquimia
Cuando mi sombra me adelanta en el día
A la oscuridad acaba con la luz.
Cuando los conejos me deshacen de ternura
Los gusanos de seda repiten la creación en su ciclo
La araña errante entre mis manos
Los perros que yacen sobre los huevos
Los espejos que me calumnian
Los mapas que llevan mi nombre
Y el invierno en el mes de mi nacimiento
el Dios ya lo llevó en su palimpsesto.

NUEVA YORK,
26 de Abril de 2011

# BOLSILLOS PARA MI SUDARIO

جُيوبٌ لكَفَني

Encargaré a un sastre
Que haga bolsillos para mi sudario
No es para ocultar los robos del corazón
Ni lo que tenían mis manos de soles
Ni las palabras en mi mano derecha.

Sin embargo, pondré una letra en cada bolsillo
Para dar peso a la báscula de caridades
Y sepan los dos ángeles que soy hijo de su alma
Y que tú eres tierra para mi tinta.

SAN JOSÉ, COSTA RICA,
29 de abril de 2011

# CON EL NOMBRE DE MI TRONO
باسم عَرشِي

No soy un desconocido
Para que me des una tumba donde enterrar mis huesos
Lejos de mi gente
Y del aposento que tuve en mi vida.

Llévame al mar
Concédeme una costa y nómbralo con el nombre de mi trono
Para descansar de la fatiga de los hablantes.

NAGPOR-INDIA,
24 de enero de 2011

# EL VERBO SAPIENTE
الفِعلُ المُتَدَارك

Deja los verbos aprendidos
dormir.
Precisa un quinto o sexto verbo
para que te sirva de nombre
y de lecho.

Ponlo en el presente
Formúlalo
para lavar tu pasado
para arraigar una tumba con los huesos
de unos poemas incompletos.

PANAMÁ CITY,
10 de febrero de 2012

# CONCEDE UN TESTIMONIO A LA SOMBRA

امنحْ الظَّل الوصيّة

No valdrá la tristeza
No valdrá el arrepentimiento
Ni el poema sumergido en la sangre.

Solo te irás
Como un astro perdido en el fuego
Tu desnudez te acompañará
Y el sudario se desgastará
El ataúd volvería vacío
del olor a muerte
no apuestes por lágrimas fáciles de secarse

No pienses en quienes vinieron por la despedida
y en quienes faltaron
todos inquietos por la copa de chismes
concede el testamento a la sombra
tal vez no te engañará
cuando te vea de vuelta
en un día soleado hacia él.

# EL UNO
أَحَدٌ

La sombra no se preguntó un día
Sobre su nombre.
Sobre el dormitorio
Sobre sus dolores
Sobre su lejana soledad
Sobre su biografía como una respuesta
Sobre su infancia
Sobre su orfandad
Sobre un árbol dormido en su cama
Sobre una muerte que le sorprendió anoche
Sobre el ahogado en el Nilo.

Vino con sutileza,
Sus manos llevando mi nombre,
faltando una letra,
Pensando que soy Dios.

PANAMÁ CITY,
10 de febrero de 2012

# YO Y EL CERO
أنَا والصّفر

Yo y el Cero
Libres en el cautiverio
Dos cabezas en un solo cuerpo
Dos líneas en insomnio
Dos sombras en el seno del cielo
allí un nombre vuelve a la ceniza
y se dobla hacia la resurrección.

GRANADA, NICARAGUA,
14 de febrero de 2012

# UNA COMA EN UNA FRASE
فاصِلةٌ في شِبه جُملة

Supón que no hayas nacido.
Supón que no eres Ahmad.
Y que no eres un poeta.

Supón que no hayas visto a nadie en el cielo
Y que todas las mujeres
No figuren en lo que tú pienses.
Supón que estás despojado del orgullo
Y que la vida es una coma tajante
en una especie de frase.

Supón que la sombra no fue tu enemigo
en la infancia
y que en la tierra hay un genio leyendo los nombres.

Supón que el camino no tiene fin,
Y que la noche no es hermana del dolor.

Supón que ella todavía no ha venido
Ni ha bebido el agua.

Supón que tu lecho es un paseo de palabras
Y que estás desolado por el abandono.

Supón que no hayas bebido la luz un día
Y que la oscuridad era tu camino al sol.

Supón que el libro que llevas ahora
Se fue con su escritor
y se convirtió en un pájaro con dos cabezas.

¿Qué harás de noche cuando al corazón
lo llame el hundimiento?
¿Qué escribirás unos segundos antes del final?

San José, Costa Rica,
24 de febrero de 2012

# CUANDO ESCRIBIMOS

حِينَ نَكتُبُ

Cuando escribimos los poemas
Recordamos el sol
Y nos olvidamos de la almohada que guarda los secretos

Recordamos el cielo
y nos olvidamos de la sábana que cubre el alma

Recordamos el agua
Y olvidamos el zapato que enlaza los sueños con la tierra
Recordamos la muerte
Y nos olvidamos del delirio durante el sueño

Recordamos las naciones
Y torcemos el camino
Para que vaya hacia nuestros queridos.

Recordamos los libros
Y no recordamos que somos ladrones de espíritus.

Recordamos los espejos
Y nos olvidamos de la mano que niega sus derrotas.
Cuando escribimos poemas
nos engañamos creyendo que somos imanes de una pasión
y profetas con milagros y con un libro
y que somos unos dioses sedientes.
Sin embargo, aquí duerme la poesía

Y si se levanta,
a otro camino. Irá.

GRANADA, COSTA RICA,
13 de febrero de 2012

# ODIO EL VERBO ODIAR

أكرهُ فعلَ كَرِهَ

Odio el algodón
Que un día me obligó inclinar la espalda.
Odio al sol y a la luna en mis manos
Porque no me convertí en un poeta.
Odio la noche porque me trajo dos desgracias
Que iban a dejar sediento a El Nilo.

Odio una neblina perdida
Que pensó en casarse con una idea mía.

Odio el camino que yo me imaginaba que era largo
-en la infancia-
Porque humilló mi pierna adrede.

Odio la arcilla
que piensa que mi luz está amasada con su agua.

Odio el campo de arroz
Que averió el reloj de oro de mi madre
Y regaló nuevas agujas a la tierra.

Odio el Aleph
cuando se desnuda, en un momento de debilidad, de su acento

Odio a la geometría
Porque no me pudo construir en el espacio
ni siquiera una tumba.
Odio la clase de ciencia,
Porque fracasé en hacer casar un ácido con un solo alcaloide.

Odio el día
porque revela el secreto de una gata
Odio el verbo odiar, porque anulará la imaginación
mil años más,
y concederá a las mujeres otros crímenes interminables.

NUEVA YORK,
26 de abril de 2011

# PREGUNTAS INCESANTES
أسئلة دائمة

¿Qué te pasará si vivieras sin gatos y sin mujeres?
¿Qué te pasaría si dejaras de pensar en números y letras?
¿Y cuando el cero dejase de invadir el mapa de tu cabeza?

¿Qué te pasaría si no vieras la luna de nuevo,
y muriera el sol en tus manos?
¿Qué te pasaría si la silla roja de cinco dedos te ve como
a un desconocido?
¿Y si tus maletas te vieran con más de lo que necesitas?
¿Quién se iba a preocupar si los barbudos invadiesen el
parlamento,
Y te tacharan de hereje y arrancaran la piel a la ciudad?

¿Qué pasaría si perdieses de golpe todos los sentidos?
¿Quién lloraría si no se terminase este poema,
O si su poesía durmiera en otro sitio,
Y si una desconocida que ignora
la letra árabe "daad" le prendiera fuego al poema?
¿Qué pasaría si te atacaran las preguntas
mientras lees un poemario de un suicida?
Acompáñate a ti mismo,
al camino del río,
empieza desde cero
para saber que no eres el único huérfano.

San José, Costa Rica,
23 de febrero de 2012

# ESCRIBÍ...

كتبتُ

Escribí miles de poemas,
Y no me convertí en un profeta.

Escribí un poema,
no quería dar nacionalidad ajena a mi hijo.

Escribí poesía,
Pero no fui a un banco, ni siquiera.
había robado a otro.
Escribí mil y mil poemas
Pero no prohibí que la muerte
visitara la casa.
Escribí mucho y no pude encender una revolución.
Escribí al borde de la muerte
y no pude comprar una tumba.
Escribí al borde de que mis dedos se hicieron velas,
Y no encontré mi nombre en el registro
cuyos pecados fueron borrados.

Escribí hasta que se secaron los lápices,
Y no pude tragar el mar
O caminar sobre el agua.

Escribiré, tal vez gobernaré solo mi país,
Sin parlamento,
Sin pueblo,

Sin barbas trenzando mentiras
Una escalera hacia el cielo.

San José, Costa Rica,
23 de febrero de 2013

# SIN ROSARIO A CONTAR
دونَ مسبحةٍ تعدُ

Una botella que no se haya bebido
está sola.

Un lápiz negro que no haya escrito una sola frase
está solo y desarmado.

Una silla de madera que huele al olor del mar,
está sola.

Una noche sin pasión que teme su negritud,
está sola.

Una noche que entra por la ventana,
huyendo de las estrellas haciendo el amor,
está sola.

A solas sin la soledad,
La mujer que perdió su único hijo en una cama lejana
Sola en las montañas,
Con un lecho vacío de fragancia.
Una sola, sola si no se integra en su Uno.

La paloma blanca que duerme encima del hombro
de la única mujer,
está sola,
se hizo más blanca por la tristeza.
La gata persa como un sol muere en su ocaso,
duerme sola sobre mi almohada,

Maldice a quien dañó el cuerpo de su paraíso,
está sola.

La madre salvada de todo mal,
duerme sola en su único lecho,
sola.

El dios enorgullecido, luego descubierto en el desierto,
solo perdido de la muerte,
Solo
Porque no encontraba uno a su medida.

El poeta se creía profeta,
Se creía dios,
Fracasó al terminar su poema huérfano,
solo,
Con dioses solos.

La pasión enamorada de dos amantes,
Sola,
Pues nadie escribe su letra "eme",
Como para un invasor y monoteísta.
Un camino no pisoteado por un pie dudoso,
está solo.

Las piedras depositadas por los dioses en el agua,
Confundieron a los buceadores al medirlas,
no aparecieron pero se encuentran solas.

El árbol de la eternidad no prolongó la edad de la mariposa,
huyó de la vergüenza,

por el mal del agua que lo regaba,
muere solo en la sombra,
solo.

El gato que vio a sus antecesores esculpidos sobre una
piedra,
creyendo que eran clanes de mil cuevas,
y fue para despertarlos,
solo.

La sombra cuando no la cazan manos ensayadas,
estaría sola,
la sombra como ciego observa
lo que teje el sol antes de que sus manos lleguen
al árbol de un universo
olvidado por lápices en una noche.

No soy Aristóteles,
Para llamar a la noche pirámide del día
o a la pirámide la noche de la edad.
La "noche" es sola,
Sin su esposo,
Sin su cabeza dorada.

El día es solo,
Sin su sol que se fue a su tumba,
La edad es sola,
Sin rosario a contar.

JORDANIA,
12 de abril de 2010

# NO LO ES
لَيسَ

No toda neblina es femenina.

Ni toda sombra que me anticipa,
es mía.

Ni hay dos amantes detrás de toda puerta cerrada,

Ni todos los pasos que robé,
me garantizan la sabiduría.

Ni toda fruta es hija de su árbol
ni todas las mujeres,
pueden ver.
Ni toda maldad,
es la flor de un poeta.
Ni toda flauta,
que espera con tristeza,
puede tocar.

Ni toda agua que mana,
es pasión.
Ni luz limpia las penas,
el cielo no es siempre azul.

Ni todas las paredes tienen oídos,
sino corazones que anhelan a sus dueños.

Ni el dolor duerme,
sino se esconde en otros peligros.

Los pájaros emigrantes
no se cansan del cautiverio,
sino viajan entre el silencio y las palabras.

Un cuerpo que se baña,
no es sino una neblina de perfumes.

Una mujer que duerme con los pechos desnudos,
no es sino un ángel, que me protege a mí y al cielo.

Y el Nilo que me vio en el lecho de ella,
no es más que su imagen eterna en el agua,
el Nilo no es más que yo mismo.

EL CAIRO,
26 de diciembre de 2010

# UNA LUZ CAMINO A LA OSCURIDAD
## نورٌ ذاهبٌ نَحو الظَّلام

No estoy en el menguante,
ni sé la trayectoria del mes,
para tener un ciclo,
morir en ello,
y luego resucitar como un creciente.

No he caído entre tierra vieja y sol en los fines de la perdición.
No llegué a una línea, que une dos centros
con dos letras árabes: *Shin y kaf*,
pero el nacimiento vendría,
si el sol me deja su herencia,
si una luna errante,
me recomienda una luz yendo hacia la oscuridad,
sin un llamamiento a rezar,
sin un almuédano para la oración,
oral y secreta.

Sin predicador,
sin mezquita,
sin arrodillarse,
sin exordios sin mujeres[6],
sin mesas sin Suras,
sin vacas.
Solo espero cuando el sol se bañe en el pozo del habla.

EL CAIRO,
9 de diciembre de 2011

---

[6] Mujeres, mesas y vacas inspiradas de nombres de azoras del Corán.

# SORTIJA DEL DESCONOCIDO
خَاتِمُ الغَرِيب

La sortija,
que cayó distraídamente del dedo del dios,
-no fue una distracción-
conocía su camino hacia mi dedo.

NUEVA YORK,
26 de abril de 2011

# EL CERO EN SU TIEMPO…

الصَّفرُ فِي وقتِه

Cada vez que pase un tigre,
le saludo, y escucho al cero en su momento concluido,
los pájaros cantaron para una muerte eminente,
Dije:
Ven, devórame,
Toma la tinta
Del significado de "dejé"
En la Sura de "Ikraa - Lee[7]",
Y en el cuadro de "Ay amantes".

NGBOR, LA INDIA
23 de enero de 2011

---

[7] Primera aleya del Corán.

# EL PARAÍSO DEL DESCONOCIDO
جَنّةُ الغَريبِ

Ignoro a quién recoge la manzana,
Tú ignoras al que la come.
prohibida e hija de la lujuria,
atribuida a Adán,
luego a Newton.

Muy cerca de la caída,
A la caza,
Padece soledad
Sobre las mesas,
En los cestos,
Sin embargo, no me quita el hambre.

NUEVA YORK,
27 de Abril de 2011

# DOS LETRAS DE SU NOMBRE

بحَرفينِ من اسمِه

En mi punto final
se perdió mi barco
no quiero que Noé diga a su pueblo
que yo había perecido
y que mi barco se había hundido.

Quiero que escriba en su cuaderno lo que sigue:
Fue un amante
Resistió el diluvio con dos letras de su nombre
No huyó como un ratón
Vio el fuego desde lejos
Y el agua se le convirtió en oro.

SAN JOSÉ COSTA RICA
29 de abril de 2011

# EL MENSAJE DEL DESCONOCIDO
رسالةُ الغريبْ

No vine para derramar el agua,
Ni para labrar la tierra
ni para cuidar las criaturas que asombraron a su creador,
Sino para concluir mi mensaje.

# MI SOMBRA ROBADA
ظلّي المَسروق

Alá te protegerá
No volverás derrotado sobre el ala de la sombra
No te harán volver con rabia
No confiscarán lo que escribieron tus manos.

Te quitarás los zapatos
No es para decirles tu número de calzado,
Ni para probar cómo tus pies en esposas de hierro
Tal vez para que entiendan como pintaste un cuadro.

Confiscarán un código,
Para que no degüelles dos pájaros de un golpe
Y con sacies tu hambre con ellos
No has sido más que un profeta
Tus cuatro letras no son más que un abecedario
Para terminar el mapa
Para un reencuentro con una abubilla
Enviando la sabiduría en la letra Ra.

Atacarán tu sombra,
Si este traspasas tu línea de rectitud
La encarcelarán para que queda en su obstinación
Rota y humillada
Hasta que la soledad toque el silencio.

Nueva York,
5 de Junio de 2010

# ¿QUÉ ES EL NEGRO?

ما الأَسْوَدُ؟

Giré
Y en el agujero negro
deposité el secreto,
me fui a una ventana blanca
Para deducir
que el negro,
no es más que un pájaro blanco con un nombre violado
cuyas letras son ambiguas.

# UNA NUEVA SURA PARA LAS HORMIGAS[8]

لِنَّمُلِ سُور جُدَّيدَ

Dijo la hormiga:
Este valle es mío
Y para nuestros hermanos angustiados.

No hay agua para los soldados,
al lado de la pared no hay sitio para Salomón,
aunque se sonría o tenga el ceño fruncido,
aunque no se vaya.

No pasaré por una fisura que no haya cavado con mis manos,
ni comeré de un plato que no es mío.
¿Podrán mis nombres perdonarme aunque no entren
sosegados en el hogar de la obediencia?
¿Aunque los soldados de Salomón rompan el valle, adrede,
o con mala fe?

No soy huérfana ni aislada,
Sin embargo el ejército que avanza,
me hace escuchar
unas estrellas en fuga,
la identidad de sus casas,
Le confundió el asesino y el asesinado.

---

[8] Las hormigas es una de las Suras del Corán.

# YO... INVISIBLE

لا أَرَى

Me cavó en la tierra la mano de Alá,
borraba el cielo con mis pies,
No jures con mi nombre.
Yo quien corre
Y roba la luz,
Quemado con su fuego,
emanado.
Bástame que soy un feto en su Sura.
Subí en lo alto,
Cuando penetré el obscurecimiento
Con dos aleyas.

# CAPA SOBRE OTRA CAPA[9]

طَبَقٌ عَنْ طَبَقٍ

Te protejo del viento,
te protejo del sol cuando se enfade,
enciendo un letal deslumbramiento ,
sumerjo con mi imán
dibujo lo que nunca había visto:
Una luna consistente
Una noche que hace de mí una profecía.
No jures con mi nombre
Soy un crepúsculo,
montado por el sol que luego se divide.

EL CAIRO,
31 de octubre de 2009

---

[9] Una de las aleyas del Corán en la Sura El Desgarrón.

# OTRA HAMBRE
جوعٌ آخَرُ

La presión alta tendría hambre,
Y se comerá la cabeza por la noche.

El oro en mis dedos tendría hambre
devora – silenciosamente- mi secreto.

Cuando la noche tenga hambre
Pierde sus rasgos,
Y se desorienta.

PANAMÁ CITY,
10 de febrero de 2012

## FUEGO DEL DESCONOCIDO

نَار الغَريبِ

¿Podría el fuego purificar la lengua
para que no mienta?

¿Y qué se diría de otro fuego
Cocido por las mentiras,
Y devorado por quien hablaba de ello?

NUEVA YORK,
26 de abril de 2011

# CIELO DEL DESCONOCIDO
سَمَاءُ الغَرِيبِ

Una tierra que no sea labrada por tus pies,
es virgen.

Un bolígrafo que no cante,
es desconocido.

Un libro si mueres sin leerlo
es huérfano.

Una casida
que no escribirás
es viuda,
y concibe las casas y los signos.

El nuevo Egipto
No pasará por tu funeral,
andará con cuatro pies,
y seducirá a los nombres envueltos en el olvido.

El cielo
que duerme encima de tu cabeza,
con estrellas apagadas,
hilará un paraíso,
y se irá mudamente.

El espacio entre dos líneas,
que lleva la luz de las letras es solitario,
será como una espina en la espalda

cada vez que muevas el silencio
con una cuchara virtual.

La ventana
La ventana de la cual se suicidó el gato- aunque cerrada-
recordará que la ausencia equivale a la muerte,
de un sol negro y brillante.

La neblina,
cargada por la feminidad
llovió quintales de metáforas
y expande un camino para mí y mis pájaros,
dijo:
apuesta por la letra,
pronuncia lo que no había dicho el dios.
La historia falsa
Que se burla de mí todos los días,
Escribirá:
Soy dueño de *Agua entre dedos*[10]
Y *Nadie piensa en mi nombre*
Quizás haya estado aquí con mis poemas.
Compartía el arca robada de Noé,
levantando la bandera del naufragio.

SAN JOSÉ, COSTA RICA,
30 de abril de 2011

---

[10] *Agua entre dedos* y *Nadie piensa en mi nombre*, son dos poemarios del poeta.

# LO QUE CONOCE LA CIEGA OSCURIDAD
مَا يعرفُهُ الظَّلامُ الأعْمَى

La flor de necedad
se produce velozmente,
siempre que decida la mano.

La necedad no conoce más
de lo que conoce la ciega oscuridad.

El espejo, necio,
cuando cierra sus ojos
y más, cuando no ve nada.

Cada vez que se convierte el signo de interrogación,
esto significa que la pregunta es necia.

Ten cuidado con la necedad,
originó la demora del sol por unos miles de años.

La arena es necia
porque no acoge al desconocido
cuando le saludan los dos pies.

El pueblo es necio
si cree al presidente cuando dice:
el sol en su tiempo exacto.

La araña es necia
cuando teje su casa,
cerca de las manos.

ATLANTA, ESTADOS UNIDOS
27 de abril de 2011

# UNA MEDIDA PARA LA DESESPERANZA

مقاسٌ لليأس

Que perezca la mano de Abu Lahab[11],
que esculpió el Aleph de la libertad
de un cielo, cuyo techo es inferior.

Pintó sortijas
de zafiro,
su color impidió que una mano se las ponga.

¿Cómo el infierno pueda acoger a un poeta,
que no cometió suficientes pecados,
salvo la pasión y las palabras.

No he encontrado una medida para la desesperanza,
en mi casa,
en mi ropa,
en mis numerosos zapatos,
sin embargo las ventanas están abiertas.

Cuando no habla mi mano derecha,
entiendo que todos los diccionarios se han oxidado,
y que las lenguas en su iniciación son huérfanas.

¿Cuántos kilos de semillas de angustia en mi alma?
¿Cuándo las había sembrado mi padre?

---

[11] Título de una Sura del Corán.

Los altos techos,
elevados sobre piernas de mujeres.
Ojalá escriban lo que vean.

Las estrellas,
Apoyan la pasión,
Arrojan su luz sobre dos cuerpos,
En la oscuridad.
Las paredes,
viven más que su gente,
su memoria cargada,
sus oídos como cuadernos.

ATLANTA, ESTADOS UNIDOS,
27 de abril de 2011

## LO ROBAN DE ENTRE MIS DEDOS

تُسرقُ مِن يدي

Los dos somos uno,
Aunque los dedos,
no han podido percibir que al sol,
lo roban de entre mis manos.

# SALIENDO DE MÍ
خَارِجاً مِنّي

Se fue el Ayer,
durmió lejos en una esquina desconocida,
lo puedo percibir,
cuando sitúo una ilusión en lugar de otra,
cuando me miro en el espejo y veo pájaros,
saliendo de mí.

# MÁRTIR DEL NOMBRE

شَهيدُ الاسم

Sé que la luz,
tiene miedo de la oscuridad,
además sé que estoy temblando de la luz,
cuando me encuentro solo,
mártir del nombre.

# SOMBRA DEL AHOGADO
ظلُ الغَريق

Nombre dañado
y apartado.
Pero los barcos de mi sombra están llenos de soles
Y sumergidos en miel de sueños.

# ENCIMA DE MI AMBIGÜEDAD
فَوقَ غُموضِي

Levantado sobre mi ambigüedad
Voy donde los pájaros errantes de mis nidos,
Me llevan a unas montañas que ignoran mi lugar,
Y el lugar donde pone El Aleph su bagaje
Solo y llano,
abatido de su sabiduría como un dios.

# DISMINUCIÓN DEL TODO

نقصُ الكاملِ

El sol es redondo,
el círculo es entero,
y la luna está llena.
La disminución no es mía,
No hay nada salvo la disminución.

# NO HABÍA PROFETIZADO
# LA CAÍDA DE LA MANZANA
لمْ أَتنَبأ بسقوطِ التُفاحَة

Alá no me había elevado,
a ninguna lámina de sus cielos.

Yo no había saludado a ningún difunto,
No había derramado la lluvia encima de la montaña del alma.
No había huido de Isabel al desierto.
No había entrado a una cueva,
ni había escrito un versículo de las tragedias de mi ciudad,
El Cairo, ni de mi pueblo Kafr Al Mayasra.

No había profetizado la caída de la manzana,
Ni la caída de Jerusalén.
No había entrado debajo de la piel,
No había salido de mi alma,
No soy el vivo,
No soy el muerto,
No me hicieron referencia en ningún libro,
Ni el sol había hablado de mí.
El Nilo no me dio coronación,
Siendo puro mi corazón por no contaminar su agua.
¿Por qué rezan los gatos
cuando paseo delante de ellos?
¿Y cuando deposito el sol con mis manos
Como sortija del alma, tiemblan?
¿Por qué se me caen las cosas de la mano cuando las miro?

# EL OLVIDO... RITO DE PEREGRINACIÓN
النسيانُ فَريضةُ حَجٍّ

El mundo se olvida de sí mismo,
Y yo me olvido de mí mismo,
El sol ejerce el olvido,
Y duerme para olvidarse.
El olvido es señal de la huida de la sombra,
Del origen,
Del abandono de la letra,
De la pasión,
De la pérdida de la vaina,
Del filo de la espada,
Y la vela,
Una llama olvidada del primer fuego,
Y el lenguaje habitual es espejo del olvido del presente.

Sal del girasol
olvídate de la fragancia de las rosas,
Para que no te olvides
Que el olvido es un rito de la peregrinación,
Cuya Meca es tu corazón.

# SE DUERME EN EL OLVIDO

ينامُ في شكّهِ

El presente está vacío,
además, ayer y mañana.
Yo soy vacío,
Un camino me enfrenta,
Y el viaje hacia una mujer indecisa
Y la exploración del oro perdido
la muñeca de una mujer singular
Luego se convirtió en plural.

El vacío está vacío,
Y lo lleno es el lenguaje de la ilusión,
es quien duerme en la duda.

# UN CIELO CON MI NOMBRE
سَماءٌ باسْمِي

¡Cuán delicado es mi secreto!
cuando esté yo solo,
en una tierra que ignora mi nombre.

¡Cuánto pesa mi nombre!
Cuando intenta sacarme de mi mismo.

Cuando nos vayamos muy lejos,
Hacia un cielo suspicaz,
Presente encima de una luz sin alas
ni milagro, o sacudiendo los nombres.

¡Qué carga lleva!
Cuando eleva mis ataúdes vacíos,
En espera de la escala de mis pájaros.

Que abra una cueva,
Que teja un cielo con mi nombre.
¡cuánto pesa! Cuando deposita el secreto frente a la puerta,
sin permiso.

# NADA PARA MÍ

لا شيءَ لي

No sé nada,
No tengo nada,
No percibo nada.
Nada más que el eco de mi nombre.

Nada en la nada,
Salvo puntos débiles,
En la puerta de unos soles.

# MI SUDARIO ES MI LAÚD
كَفَني عُودي

No tuve miedo del diablo, ni del duende azul,
Ni del gigante,
Ni al roba-niños
pero el niño asustado
estaba tirando el tapiz del placer
y dormía al son de los sonidos de los sauce
y el zumbido del goteo de balanzas del agua.

El minarete se ha roto
a la oración del mediodía,
y los desconocidos se mataron en el Nilo
al espacio de dos gritos.

Un mausoleo de Aly Al Sakka[12]
no obsequió el embarazo a la mujer
y la fiesta del nacimiento del profeta
era como una bandera de la pasión,
y yo en el camino como un Derviche,
mi sudario es mi laúd,
y mis promesas son venas del silencio,
mi sueño … dientes caídos,
mi sueño … cepillo de la sombra
mis ojos arrastran la voz
hacia la última piedra en el lago de la muerte.

---

[12] Nombre de un mausoleo de un sabio místico cerca de la casa del poeta en campo.

# ÚLTIMA LUZ EN LA LÍNEA

آخرُ نورٍ في السَّطْرِ

Solo
En la mitad de la muerte,
En la última luz de la línea,
Comienzo la despedida.

Se fue el secreto,
El corazón no sabe más que la despedida.

# ÉL NO SABE
لَا يَعْرِف

El pájaro mojado
tiene un cuento,
sólo lo conocen Salomón y Ahmad
cuando éste toca al sol con sus dedos.

El pájaro tiene un certificado de nacimiento,
Y un documento,
Y un pasaporte,
Reza y peregrina,
Deletrea las palabras,
Invalida el efecto de la magia,
Con sus alas de plumas,
Se olvida de los padres,
No sabe si es huérfano,
O si le han abandonado en la calle.

# ÉL SABE QUE …

يُدرك أنّ ...

Quien sabe el secreto de la oscuridad
Entiende que la luz es una profecía para todos.

Y que la puerta séptima
Se abre solo para reinas vírgenes.

Y que a la vena de oro durmiente
en lo alto de la montaña del silencio
nada puede cortarla salvo el diamante rojo.

Y que los difuntos duermen donde los umbrales
y otros suben hacia los dioses hundidos en el agua.

Y que la flauta muere,
cuando el patrón deja los gusanos de la tierra,
para caerse sobre las rosas y ramas,
y que se vuelva a su historia inicial
para vivir en el aislamiento,
un pañuelo de despedida
que nunca había visto la señora de la casa
ni había tejido los lienzos de sus elegías.

Y que el duende fugitivo de su lámpara
No se despertará sino por un cuchillo afilado
al corazón de sus oscuridades.

# TODAVÍA TENGO MUCHO POR DECIR

مَا زَالَ عِنْدِي كَثِيرٌ مِنَ الْقَوْلِ

Yo guardo tus dos nombres,
Llevo el nombre de tus damas en una flor
Cuando la locura convive con la razón en dos cielos.
Exprimo la vendimia del vino de tus dos lenguas,
para subir a la seda
y escribir la canción de la muerta por pasión.

No recuerdo sino el camino a un cuadro que me pintó
No recuerdo sino el camino a rosas del vino lejano
No recuerdo sino los quilates de la pasión nocturna contigo.

Cada día pasa,
Digo esta tumba tiene una edad,
todavía tengo mucho por decir,
todavía tengo huertos de silencio para ella,
todavía la quiero, a quien pavimentaba el cielo para las tórtolas.

Cada día pasa,
Lleva mi tinta y una nueva letra para ella,
Nace entre los dedos un alma con su nombre,
Mi secreto crea el libro de la vida que no he vivido.

Guardo y no vendo,
la flor del Nilo me regó la Ruta de la Seda
para tu aislamiento,
fui,
quien no derramaba su líquido,
quien habló de ti a los dos mares,

quien marcó en el agua la voz de las heridas,
quien tenía alas de palabras para volar a tu sitio,
quien no quiso cambiar el cielo por algo en la tierra.

Yo guardo el nombre del agua,
La muerte tiene el debate en la muerte.
cuando decide sacudir el tiempo en la noche,
El color tiene su origen en la planta que siempre tenía.

Soy tu sol que no se había ido en cinco años,
Alumbró a la gente de una tierra,
De los mares en mis manos.
Ni el río pasó por su caja,
Ni la flor entró en la órbita de la sed,
No peses la duda con la medida de tu obsesión,
No omitas una "Y" griega de la unión,
Es la sede de mi sede.

NAGBOUR, LA INDIA
21 de enero de 2011.

# SEDUCCIÓN IMPOSIBLE
مُراودةُ المُستَحيلة

Nada de extrañar que caiga tu sol
en el plato del desayuno,
además, no es de extrañar,
que salga una serpiente de tus narices,
Huyendo del olor de la muerte,
hacia una mujer
que antes seducía
y había gozado entera, su dulzura.

# LA HORA SE INCLINA
تنحازُ السّاعةُ

Libre, incluso de mí mismo,
¿Por qué razón se inclina el reloj a manecillas averiadas,
delira como una mujer senil,
en el primer olvido de su mundo?

# DOS EDADES

عُمْرَان

Tengo dos edades,
Inicio con el calendario del amor,
Termino con el tiempo olvidado,
en el pliegue de mi pañuelo.

# VÍA DE ENTRADA
طَريقُ الدُخولِ

Una mujer no se olvida de quienes violaron su neblina,
La puerta, igualmente, no se olvida de las manos,
de quienes antes la tocaron a ella.

# REMIENDO AL SOL
أُرتقُ شَمساً

Ayer,
el tejido de la sábana,
Anteayer,
La neblina no durmió encima de mi cabeza.

Hace tres días,
el cielo me había cedido sus lágrimas.

Pasaron cuatro días
Se cayeron unos dientes de mi nombre.

Cinco días,
Me envidiaba con sus dedos un tiempo celoso.

Seis días,
¿Cómo puedo descansar?
Todavía te estoy creando en una semana,
en ausencia de un mar que pueda atar mis dedos.

Estoy cosiendo mi tristeza,
mi consonancia está sangrando,
como la tumba de un desconocido,
y la música, que escucho,
como lágrimas que vuelven con dos desengaños,
y un collar de ceniza,
y un cofre del olvido.

Solo ha quedado ella,
Con rodillas de luz,
Con piernas de mármol de fuego,
Duermo en su cuadro como un sol sin nombre.
Aunque se enfade,
aunque se ahogue en dos mares de dudas,
o en el jibe del profeta Jesus,
no hablaría,
no juraría.

Con tu aguja,
enmendaría un sol,
un sol caído del seno de mi alma.
Cada vez que me dices,
que a la sombra te vas,
y al ataúd de un muerto iré.

En un solo pie,
estaré,
cada vez que tenga dudas,
en la unidad de la medida del amor.
Cada vez que veo el aire negro,
que el engaño es un vocablo en la lengua,
que la mentira y el poeta,
nacieron gemelos.

Con la herida fugaz de tu mano izquierda,
escribiré el himno de mi profecía.

Declaré que soy la sombra de un hilo desvanecido.
El poeta quien te precedía,
¿tenía veintiocho letras?

El Cairo,
17 de diciembre de 2009

# UN SABER DIVINO
عِلمٌ إلَهي

Multipliqué cero por cero,
pero no uno por uno,
y así fuimos.

Dije: divido,
Que así fuimos.

Ambos convertidos en agua que corre.

## AMBIGÜEDAD DEL BLANCO

غُموضُ البياض

Me había olvidado de la lengua,
de la gente,
pero el Blanco es letal,
todavía es alto en el mástil de una nave perforada,
destinada al naufragio y no a su retorno.

# UNA ROSA … ME QUEDARÉ
### وَرْدَةٌ لأَبْقَى

A mí,
dos caballos se asoman.
Yo … Solo … comiendo el sueño,
mientras una madera en el destierro
escucha el estertor de las almas.

# ADVERTENCIAS
نُذْرٌ

La muerte tiene alas,
Degüellan a quienes quieran
borrar las huellas de la noche,
con las palabras del día.

## ¿QUE HIZO EL NÚMERO UNO EN EL SÉPTIMO DÍA?

ماذا فَعلَ الواحدُ في اليومِ السَّابِع؟

Te acercaré tu cielo,
te llevaré la tierra,
pondré la primera lengua
en el cuaderno de tu mano derecha.
Hablaré con los dioses que bajaron
anoche en tus noches,
para donar el diamante de sangre
al gran nombre.
Para tejer la arena con dos letras de delicia,
el agua sería un regalo de dos letras,
nacidas en la flor de Egipto,
lucharon en dos guerras para probar,
que la letra ele es un signo de la victoria del corazón,
a un ejército de horas,
a un estado de edades ya remotas.

Me acercaré a tus labios zafiros,
para tragar su primera fábula,
se depositarán las gacelas en tus manos para dormir,
para recetar el agua del secreto,
en diez lecturas del amante,
para cantar con el nombre de rosas,
con el nombre del fuego,
para revelarme:
¿Qué hizo el Uno en el día séptimo
tras llegar a la luna llena?

¿Por qué duerme la dama de flores sola,
sobre lechos de agua?
Mientras permanece el templo virgen,
Sin ritos abstractos,
de una mujer, entró por la séptima puerta,
donde quitó lo que cubría su arbolito,
donde permaneció la pared en sombra,
de las primeras palabras,
una puerta ficticia de un pronombre oculto,
un velo de una lengua de hierba desbordada,
luego se fue al Reino.

# COMO ESTANDO EN UNA SOMNOLENCIA

كَأَنَّه فِي الغَفْوِ

Tan solo en diez minutos,
Vi en la somnolencia,
que mis gatos se habían multiplicado
y que habían crecido han crecido,
sin que yo los viera,
que yo había perdido la mitad de la vista,
que mis gafas de sol
perdieron el brazo derecho,
que veía a mi amigo llorando en la sala de la redacción,
y que mi despacho quedó sin paredes.
Me desperté,
Estaba en Costa Rica,
Esperando a una mujer de El Cairo,
Y le prometí que sería suyo,
hasta que ella vea su tumba,
hasta que lleve mis recuerdos a kavafis y Ungaretti,
mis dos compañeros en el sueño.

SAN JOSÉ, COSTA RICA, 23 de febrero de 2012.

# ¿QUÉ ES UNA SOMBRA?

ما الظِّلُّ؟

Todos los días, alimento al olvido,
Para que no me coma la cabeza,
Pero se niega,
Como una mujer que antes se había alimentado,
de mi mano derecha.

¿Vendría a tiempo o con retraso?
esta muerte ciega.

La sombra hacia el sol,
No es más que un perro,
a veces rebelde, duerme lejos de la casa.

Juro... pero no divido.
Yo sumo ... tú no restes.

-2-
El pájaro que dona a los hombres
la magia de sus alas,
nunca ejercía el amor
antes de ser sacrificado enfrente del altar.
Lloró solo susurrando:
todo en balde, se va.


-3-

Todo el secreto,
en la sombra,
no pisotees su cabeza con tu zapato.

SAN JOSÉ. COSTA RICA,
14, 23, 24 de febrero de 2012

# ENTRE PARÉNTESIS
بَيْنَ قَوْسَيْنِ

Toda el habla es agua,
Te distingo,
te pongo entre paréntesis,
debajo del primero
levanto mi bandera de fidelidad,
debajo del segundo
me acuesto, y los hombres se querellan.

Entre tus crecientes vírgenes,
mi dorso es la Sura de "Lee"
y la imagen de la circunvalación.

NUEVA YORK,
27 de abril de 2011

# LA FLOR DEL DESCONOCIDO
زَهْرَةُ الغَرِيبِ

Cada profeta
Tiene su milagro y su libro.
Cada mensajero
Tiene su pueblo y su ruta de dolores,
Cada poeta
Tiene un punto,
del cual inicia las palabras y no termina
del cual inicia las sombras y se acerca a la tierra,
sin riesgo.
Tú eres mi milagro,
mi libro.
Mi pueblo es una línea que marcha hacia sus angulos.
Tu cara, con sus mil labios.

SAN JOSÉ, COSTA RICA,
29 de Abril de 2011

## CONFUSIÓN DEL DESCONOCIDO

حِيرةُ الغَريبِ

En el sueño,
Te veo, una y muchas.
.................................
Me confundo,
¿A cuál debo inclinarme?

EL CAIRO,
17 de diciembre de 2010

# UNA LETRA CAÍDA CON MIS DIENTES

سَقَطَ مَع أسنَاني

Empezaré con el nombre de Dios,
leyendo los amuletos,
con mi nombre,
con tu nombre,
con el nombre de la Kasida,
con el nombre de una letra caída,
con un diente en mi sueño.

Tu mes, no es el primero del año,
el mío, en el medio,
entre una muerte que vi,
y un amor nacido sobre el lecho de la oscuridad de la luz.

EL CAIRO,
19 de diciembre de 2010

# ABRAZANDO TU NOMBRE
أَحْضُنُ اسْمَكِ

Si duerme mi sombra sobre tu lecho,
Allí inunda su luz generosa,
Las palomas de tu torre,
pusieron sus huevos encima del agua.
¿Por qué derrochas los minutos,
en el vacío del tiempo?

No me enamoro bajo custodia,
ni bajo un color deficiente,
ni en ningún cuadro.

EL CAIRO,
19 de diciembre de 2010

97

# AIRE DEL TIEMPO
هَوَاءُ الوَقْتِ

Donaste,
se desbordó tu generosidad,
tus palomas ponían sus huevos
sobre la torre de la cueva del mar.
¿Por qué derrochas los segundos
En el aire del tiempo?

No me enamoro bajo una custodia,
o bajo un color aplazado en un cuadro.

EL CAIRO,
19 de diciembre de 2010

# VISIÓN DEL DESCONOCIDO

رُؤْيا الغَريبِ

Has dejado la huella de tu dedo,
así, me iluminaste el mundo,
muerto por la aleya de la noche.

# EL LENGUAJE DEL DESCONOCIDO
## لُغَةُ الغَرِيبِ

Hablo con signos,
aunque mi cuerpo,
fue la primera lengua.

# ELLA... UN VERBO SIN PASADO
## كانت فِعلاً لا يَمضي

Ella...
Luz en la luz,
Color en el color,
Imagen en el universo de un cuadro,
en el extraño, como pájaro con una letra,
en la oscuridad, como una ele del sol,
en la calle, lavándose la luz de sus manos,
sueño de un sueño,
dos copas de luz,
un verbo sin pasado

Ella.. una esperanza
Encima de una vía desconocida hacia la muerte,
Una voz de la voz,
Un Aleph para mi entrada.

EL CAIRO,
8 de febrero de 2012

# UNA TRAMPA PARA UN SOÑADOR

فخٌ لحالم

Saldré de su casa llorando,
La voy a querer,
Hasta que caiga el Sol en el Nilo,
La perdonaré,
Seré para ella un Aleph firme,
aunque en el sueño me llamó ladrón,
del anillo suyo.

San José, Costa Rica,
23 de febrero de 2012

# LA BREVEDAD DE LA LETRA ELE
إيجازُ اللامِ

La lluvia reduce la neblina,
El beso reduce la pasión,
El punto reduce el círculo,
La letra reduce la distancia,
¿Por qué pedimos a la Sal que conteste a la pregunta de su Pan?
¿Por qué pedimos anotaciones,
siempre que la línea lleva su silencio?

Es la envidia,
Que llevó la flor del tallo y la destrozó.
Ésta resume el dolor de los dioses,
omite dos quilates de su fortuna,
resume una ele,
que concedió su secreto a dos ríos de oro,
y a diez mares confusos,
buscando la corriente del agua.

ISTANBUL, TURQUÍA
26 de agosto de 2010

103

# UN NUEVO DEDO EN TUS MANOS

أَصْبَعٌ جَدِيدٌ فِي يَدِكِ

Regálame un anillo,
Para finalizar mi tiempo
Y cultivarme a mí un nuevo dedo,
Aunque en tu mano.

EL CAIRO,
19 de diciembre de 2010

# CADA VEZ QUE UNA
# NEBLINA ANHELE MI DEDO

كلَّما حنَّت غَيمةٌ إلى إصبَعي

Anda con tus pies,
con tu fragancia perceptible,
con tu blanco soñador en su despertar,
con tu primera lluvia,
con tu sola lengua,
y con dos torres.
En éstas me refugio,
Cada vez que una neblina anhele mi dedo.

El Cairo,
8 de enero de 2011

# NO PINTES TUS DUDAS
لا تَرسمي شَكّك

Sobre mi cuadro,
no pintes tus dudas.

Él es poeta,
no tiene
más que un nombre.

Y un abecedario que nunca había nacido
de otra lengua,
y un mar donde nada.
Una sola ninfa.

El Cairo,
19 de diciembre de 2010

# EL VINO DE SUS ESPEJOS
نَبيذُ مَرَايَاها

El vino de ella,
esto es lo que espero,
una lengua editada en los espejos,
no queda tiempo, ni al poema ni al cuadro.
El tiempo es distancia,
entre las dos hojas de una flor,
Que abre la boca,
para encerrarse su secreto.

EL CAIRO,
19 de diciembre de 2010

# HEMOS TRAGADO EL NOMBRE
### شَرِبنا الاسم

Cuando te dije,
que la tierra pronuncia tu nombre,
no fue por embriaguez.

...................................................

Yo no,
nada más que ambos habíamos bebido tu nombre.

EL CAIRO,
19 de diciembre de 2010

# EL JEQUE DE MI SILENCIO
شيخُ صمتِّي

Te había visto antes, pero no ahora,
Nací dentro de ti,
O tú naciste en mí,
O tú me naciste,
O yo te había parido,
No dudes en mi silencio,
Cuyo jeque soy yo,
Quien aguantó mil horas en su barba,
con agujas averiadas.

El Cairo,
19 de diciembre de 2010

# UN DIVORCIO
طلاقُ القَيْدِ

Por primera vez,
descansa la casida sobre una página,
me mira,
asoman sus ojos donde la tinta,
como si entendiera que escribo tu biografía,
regálame una cuerda para tocar la música de tus labios,
para cantar el himno de mi alma
en tu flauta.

EL CAIRO,
19 de diciembre de 2010

# TU NOMBRE Y EL MÍO
اسْمُك بِي

Entre la espalda y la sombra en un cuadro,
allí un sendero de luz,
en el sendero existe la letra ele, el no y el por qué.
La sombra se cae,
y la luz escribe
tu nombre con el mío.

EL CAIRO,
19 de diciembre de 2010

# LIBERÉ EL CUELLO DE UNA CASIDA[13]

حَرَّرْتُ رَقَبَةَ القَصِيدَة

Contigo,
con tu color secreto,
con tu risa lujuriosa,
con tus ojos mirándome,
con el vino de tus mares,
¿Liberé el cuello de la casida?

ALEJANDRÍA,
20 de diciembre de 2010

---

[13] Casida significa poema en árabe, una palabra que usaba Federico García Lorca en su poesía.

## PASEA EN LA PENUMBRA DE SU LUZ
في ظلامٍ نُورِه يَمْشِي

Como un desconocido,
Pasea en la penumbra de su luz.
te alcanza,
tras una ele lunar[14],
tras una eme en mi nombre,
me despedí de mi sombra,
la libertad tocó a mi puerta sin sangre,
la ele de mi sol se casó contigo,
instilé el filo de mi Aleph en la flor,
salvé tus mejillas del fuego de la vergüenza.

EL CAIRO,
26 de diciembre de 2010

---

[14] La ele lunar es una regla en la gramática árabe es cuando ésta no se prounucia.

# EL AGUA DE SU YUSUF
ماءُ يُوسُفها

La camisa que reveló un lunar,
no es la misma que se desgarró por detrás,
entre ellos una profecía,
alude a un secreto que me lleve a tu neblina,
cuando llueve sus labios,
lleva la ternura de la mujer del visir[15],
al agua de su Yusuf.

EL CAIRO,
7 de enero de 2011

---

[15] Se refiere a la esposa del visir en el Antiguo Egipto que intentaba seducir al profeta Yusuf (la aleya 30 en la sura de Yusuf en el Corán).

# LAS DOS SON HEREJES
... لكنّهما كافِرتَان بالصّراط

Cuando elijas la camisa de tu inspiración,
revélala,
deja que se conozcan,
las dos gotas de ámbar, herejes por el sendero recta.

EL CAIRO,
7 de enero de 2011

# TIERRA NUEVA
أَرْضٌ جَديدةٌ

Detrás de la tienda de tu cielo,
duermo.
Dos minaretes en mi boca,
los amaso en una,
para ver dos civilizaciones en una.

Temblor de entumecimiento,
me abre otro país,
que nace en tu mapa.

# HABLAN EN SÍMBOLOS
يَتَكَلّمان رَمزاً

La sabiduría
duerme en un rubí.
Y pregunta,
responden sus pechos:
el palacio disponible para alojarse.
y la neblina:
vía y palabra.

# ¿QUÉ ES EL PARAÍSO?

ما الفِردَوسُ؟

¿Qué es tu paraíso?
Dijo:
Los dos senos.
Poeta, ¿qué es tu paraíso?
Dijo:
Los dos senos.
¿Algo más?
Dijo:
El universo se levantó sobre ellos,
yo no suprimo el derecho del cielo,
con su inspiración de ellos se elevó.

# PORQUE ERES UNA PROFETA
لأنكِ نِبيّة

No comentes tu visión a nadie,
Para que ninguna te haga daño,
no narres ninguna letra,
hasta que te enseñe la hermenéutica.

# EL INCENDIO DEL UNIVERSO
اشْتَعَالُ الخَلِيقَةِ

Un secreto, detrás de tus orejas,
Un secreto, en el corazón de tu oído,
Cuando te acercas,
Se derrumban ciudades,
Cuando te beso,
Llaman los minaretes,
Cuando se mueve mi lengua,
arde el fuego.

# UN RÍO PARA DOS SEDIENTOS
## نهرٌ لِعَطْشَانَيْنِ

No estás lejos,
Yo tampoco.

Algún río entre nosotros,
Juntos lo saboreamos.

# EL ORIGEN
الأَصْلُ

¿Por qué ya no pienso en el paraíso
desde que probé tus primeros frutos?

# DAMA DEL MUNDO
سَيِّدَةُ العَالَمِ

El dios Amón[16] me dijo:
De la voz de tu amante,
brotó la figura de la mujer.

---

[16] Uno de los dioses en el Antiguo Egipto.

# LUNA PERMANENTE
قَمَرٌ طَالِعٌ أَبَداً

Permanezco,
Porque tu nombre respalda mi alma,
mi cabeza siempre colgada,
en la letra conjuntiva.

Permanezco,
Porque Alá no creó ninguna distancia entre nosotros,
Porque tu cuerpo pesa el oro del mundo,
Porque saboreé el agua de la fuente.
Porque tu luna se estableció en mi trono,
Y me llamó.

# UNA FE
إيمَانٌ

Subí al cielo,
me convertí en una luna,
por ésta te guiaste.

# ÍNDICE